T0262571

PRESENTADO A:

....

POR:

....

FECHA:

....

ORACIONES DE UN MINUTO
para comenzar el día

Hope Lyda

ORIGEN

Penguin
Random House
Grupo Editorial

Título original: *One-Minute Prayers® To Start Your Day*
Copyright © 2019 Hope Lyda
Published by Harvest House Publishers
Eugene, Oregon 97408
www.harvetshousepublishers.com

Primera edición: agosto de 2019

Publicado bajo acuerdo con Harvest House Publishers
© 2019, Hope Lyda
© 2022, Penguin Random House Grupo Editorial USA, LLC.
8950 SW 74th Court, Suite 2010
Miami, FL 33156

Todas las citas bíblicas, a menos que se indique lo contrario, fueron tomadas
de la RVR 1960, Reina-Valera © 1960 Sociedades Bíblicas en América Latina;
© renovado 1988 Sociedades Bíblicas Unidas. Utilizado con permiso.
Reina-Valera 1960™ es una marca registrada de la American Bible Society.

Traducción: María José Hooft
Diseño de cubierta: Víctor Blanco
Imagen de cubierta: Alexander Raths / Shutterstock.com
Ilustración de interiores: N_A_T_A_L_I / Shutterstock.com

Penguin Random House Grupo Editorial apoya la protección del *copyright*. El *copyright* estimula
la creatividad, defiende la diversidad en el ámbito de las ideas y el conocimiento, promueve la libre
expresión y favorece una cultura viva. Gracias por comprar una edición autorizada de este libro y
por respetar las leyes del Derecho de Autor y *copyright*. Al hacerlo está respaldando a los autores y
permitiendo que PRHGE continúe publicando libros para todos los lectores.
Queda prohibido bajo las sanciones establecidas por las leyes escanear, reproducir total o
parcialmente esta obra por cualquier medio o procedimiento, así como la distribución de
ejemplares mediante alquiler o préstamo público sin previa autorización.

ISBN: 978-1-949061-75-8

Impreso en Colombia – *Printed in Colombia*

22 23 24 25   10 9 8 7 6 5 4 3

ÍNDICE

COMIENZOS

Enfrentando el día

Cuando ya era de día, salió y se fue a un lugar desierto; y la gente le buscaba, y llegando a donde estaba, le detenían para que no se fuera de ellos. Pero él les dijo: Es necesario que también a otras ciudades anuncie el evangelio del reino de Dios; porque para esto he sido enviado.

LUCAS 4:42-43

Señor, al comenzar este nuevo día, ayúdame a tener presentes tus planes. Que pueda estar enfocado en tus deseos para no perder mi tiempo y todo mi día en cosas del trabajo o en asuntos secundarios. Concédeme discernimiento para reconocer cuándo una distracción es en verdad una señal de tu guía, y no algo que deba evitar.

Entregar mi vida no es tarea fácil... aun cuando eres Tú a quien se la entrego. Pero sabiendo que hay un propósito esperándome, a minutos de este momento y a medida que se desarrolle el día, estoy ansioso de ver lo que tienes para mí hoy.

Invitando a tu sabiduría

> El temor de Jehová es el principio de la sabiduría, y el conocimiento del Santísimo es la inteligencia.
>
> PROVERBIOS 9:10

Me gusta hacer de cuenta que sé lo que hago gran parte del tiempo, aun cuando no tengo idea. Pero Dios, esto puede meterme en problemas. Ayúdame a buscar tu guía y sabiduría en cada circunstancia. Que pueda estar colmado de tu sabiduría antes de enfrentar este día y a lo largo de mi vida.

Mi deseo de conocer y entender este mundo, su gente y sus situaciones solo podrá ser cumplido cuando te conozca a ti en intimidad.

Comienza un nuevo día

> Me anticipé al alba, y clamé; esperé en tu palabra. Se anticiparon mis ojos a las vigilias de la noche, para meditar en tus mandatos.
>
> SALMOS 119:147-148

La esperanza que tengo en ti es el comienzo de mis posibilidades, mis sueños y mi futuro. Hoy mismo es el comienzo del resto de mis días. Que pueda enfrentar todo lo que tienes para mí con una actitud receptiva.

Me pregunto a quién pondrás en mi camino. ¿Encontraré una puerta abierta cuando menos lo espere? ¿Estoy a un paso del comienzo de algo grandioso que viene de ti?

Medito en tus promesas, Señor. Ellas llenan mi corazón y mi mente cada noche. Permíteme renovar mi fe en esas promesas al comienzo de cada nuevo día.

Dador de vida

En ti he sido sustentado desde el vientre; de las entrañas de mi madre tú fuiste el que me sacó; de ti será siempre mi alabanza.

SALMOS 71:6

Aun cuando no podía pronunciar palabras que los demás entendieran... cuando no podía alimentarme solo, caminar o prever las consecuencias de mis actos... Tú eras mi fuente de cuidado y protección. Tú me trajiste a este mundo, y ahora me guías a través de esta vida. Miro el presente y solo puedo alabarte. Y hasta te agradezco por las pruebas que me toca enfrentar. Cuando me siento incomprendido en mi hogar o en el trabajo, o cuando veo que tomé una mala decisión, sé que estás aquí para ayudarme.

Tú eres quien me acompañó desde el principio y serás quien me reciba al final de mi vida. Gracias por tu presencia y consuelo cada día.

CONFIANZA

Confiando en tu sabiduría

> Entonces entenderás justicia, juicio y equidad, y todo buen camino. Cuando la sabiduría entrare en tu corazón, y la ciencia fuere grata a tu alma...
>
> PROVERBIOS 2:9-10

Tengo un corazón con hambre de justicia. Me duele ver cómo la gente es tratada injustamente. Sin embargo, sé que a veces me encuentro solo enfocado en mí y en mis intereses. Direcciona mi mente para que pueda entender lo que es bueno y justo. Señor, muéstrame dónde y de qué manera estoy siendo injusto. ¿Acaso trato a algunos desconocidos en internet mejor que a mi familia? ¿Hay personas a las que me acerco con temor o inquietud, en vez de con confianza y aceptación? Quiero ver a las personas como Tú las ves. Quiero hacer lo correcto por ti y por tus hijos amados.

Cuando me muestre duro con aquellos que amo o crítico con la gente a mi alrededor, muéstrame qué es lo que hay en mi propio espíritu que está siendo desafiado. Que tu sabiduría permee mi corazón y pueda confiar en tu conocimiento y amor para que dominen mi carácter.

Hacer el bien

> Confía en Jehová, y haz el bien; y habitarás en la tierra, y te apacentarás de la verdad. Deléitate asimismo en Jehová, y él te concederá las peticiones de tu corazón.

SALMOS 37:3-4

Señor, últimamente he sentido el suave tironeo de la convicción. Me has mostrado que sigo aferrado a partes de mi vida con tanta firmeza que esto denota temor, en vez de confianza en ti. Ayúdame a servir a tus hijos y aceptar mi propósito desde un lugar de fe y seguridad. El impacto de mis días podría ser mayor si viviera con libertad los deseos de mi corazón, sin negar mi tiempo, mis dones y mi amabilidad a los demás.

Restaura en mí el deseo irrefrenable de dar a la gente que amo y a las personas que has puesto en mi vida. Quiero ver hacia dónde me llevarán los deseos que has puesto en mi corazón cuando logre deshacerme del egoísmo, el temor y la duda. Sé que será grandioso. Confío en que harás la buena obra, aun en una vasija con imperfecciones como la mía.

Siguiendo al Dios verdadero

Bienaventurado el hombre que puso en Jehová su confianza, y no mira a los soberbios, ni a los que se desvían tras la mentira.

SALMOS 40:4

Por momentos, las preocupaciones económicas llegan a mantenerme en vela por la noche. Esta mañana, siento el cansancio que llega cuando los problemas se convierten en ansiedad. Mis oraciones de fe parecen desviarse hacia el pensamiento de las facturas por pagar. El orgullo vuelve a arrastrarme hasta ese lugar de decepción. Pensaba que en este punto de mi vida ya no tendría que lidiar con esta clase de preocupaciones.

Cuando pienso en la cantidad de energía que invertí en el pequeño dios de la preocupación en vez de invertirlo en ti, el Dios de los milagros y promesas cumplidas, ansío un cambio en mi vida. Tú me recuerdas que nunca estoy solo en el camino. Hazme libre de mi visión limitada. Haz que mis ojos se fijen solo en ti. Que mis pensamientos de esta mañana puedan ser oraciones de gratitud, para que esta noche mi espíritu descanse al ritmo de la alabanza.

Mostrar mis lágrimas

En el día que temo, yo en ti confío. En Dios alabaré su palabra; en Dios he confiado; no temeré; ¿Qué puede hacerme el hombre?

Salmos 56:3-4

En mi niñez, nunca me gustó mostrar mis miedos. Aún hoy, me contengo a la hora de expresar mis verdaderas preocupaciones, porque no quiero decepcionar a mi familia y amigos. Señor, hoy siento que te acercas a mí. Me abrazas y me dices que comparta contigo lo que me da temor.

Apaciguas mi corazón ansioso y conviertes el temor en coraje. La oscuridad más profunda se disipa en presencia de tu luz. Los mayores saltos de fe pueden darse con facilidad cuando dejo el temor y descanso en tu confianza. Y cuando tropiezo, me ayudas a sacudirme el polvo y comenzar un nuevo día envuelto en fe. Ahora sé que mi fragilidad solo es debilidad si no la entrego ante tu poder transformador.

RESTAURACIÓN

Renovado para amar

Crea en mí, oh Dios, un corazón limpio, y renueva un espíritu recto dentro de mí.

SALMOS 51:10

Ayer fue un día de trabajo: hacer trámites, lidiar con el tráfico y transitar por un laberinto de publicidad *online* y conversaciones por chat. No me hizo sentir resplandeciente o renovado, ni siquiera productivo. En cambio, me fui a dormir inquieto y decepcionado. Incluso esta mañana, me sentí cubierto de impurezas, como si no pudiera quitarme las capas de escombros que cada día recibo del mundo. Quiero ser una nueva criatura.

Renuévame hoy, Señor. Renueva en mí un espíritu fiel, solícito y apasionado por mantener un amor puro por los demás, por establecer prioridades y ser una expresión de ti. Cuando la suciedad de la vida en esta tierra me sobrepase, ayúdame a levantarme y sacudirme los escombros. Enséñame a proteger la pureza de mi corazón con todo lo que soy y todo lo que hago. Es con tu amor y este corazón con los que puedo amar a mis enemigos, mi familia y mi prójimo.

Descansar en la roca

En Dios solamente está acallada mi alma; de él viene mi salvación. Él solamente es mi roca y mi salvación; es mi refugio, no resbalaré mucho.

SALMOS 61:1-2

Las preguntas inundan mi mente con tanta fuerza que no hago una pausa para escuchar tus respuestas. El ritmo de la vida está comenzando a enredarme y comprometer mi habilidad para dar pasos seguros. Tú me llamas a detenerme y descansar. Tú llevas mi espíritu a la calma: no para suprimir las preguntas, sino para dar espacio a las respuestas y restaurar mi fe.

Cuando estoy listo para dar el siguiente paso, me alientas a descansar todo mi peso en la roca firme, que eres Tú. Aquí puedo echar una mirada en 360° sobre mi vida, con una visión y una mente claras. Encuentro mi rumbo cuando me hallo refugiado en tu fuerza y mi salvación. De pronto, las preguntas no tienen poder para sacudir mis cimientos; al contrario, me ofrecen razones para buscar tu guía y descansar en tu voluntad. Hoy le daré la bienvenida a las preguntas y buscaré con gozo tus respuestas.

Ayúdame a ser esa persona

El alma generosa será prosperada; y el que saciare, él también será saciado.

PROVERBIOS 11:25

Señor, quiero ser aquel que levanta a los demás con palabras que sacien y gestos de bondad. Líbrame de la mezquindad de espíritu. Que mi capacidad de dar no se vea restringida por un corazón que aprendió sus límites de aquellos que han retenido su amor para conmigo. Después de todo, tu amor no tiene condiciones, tiene oportunidades de vida. Infinitas oportunidades. Ese es el amor del que hablo. Las personas son atraídas a él porque anhelan tu infinito renuevo.

Permíteme hoy abrir las compuertas para que fluya a través de mí un amor generoso por mi familia y aquellos que me rodean. Hazme libre del deseo de exigir resultados o reciprocidad como condición para seguir brindando el amor restaurador y misericordioso de Jesús, con un corazón abierto.

Uno nuevo, con sentimientos

Os daré corazón nuevo, y pondré espíritu nuevo dentro de vosotros; y quitaré de vuestra carne el corazón de piedra, y os daré un corazón de carne.

EZEQUIEL 36:26

Dios, vengo a ti con la esperanza de que mi corazón sea restaurado por tu gracia. Cuando los asuntos del día a día acaparan todas mis conversaciones, mi atención y actividades, me doy cuenta de que mi alma está perdiendo conexión con mi propósito. Me distancio de ti. Concédeme la sabiduría para cambiar la marcha y dejar de enfocarme en los hechos para dar importancia a las intenciones del corazón. Ayúdame a hacer esta transición para que el perdón, la compasión y el entendimiento sean los que inspiren mis decisiones y den forma a mis prioridades.

Enséñame cada día a mirar a tus hijos, *todos* tus hijos, con una misericordia renovada y sensibilidad. Dame la visión y la paciencia para ser un testigo amoroso de las vidas de otros.

PAZ

¿Qué ves?

Yo sé, Dios mío, que tú escudriñas los corazones, y que la rectitud te agrada; por eso yo con rectitud de mi corazón voluntariamente te he ofrecido todo esto, y ahora he visto con alegría que tu pueblo, reunido aquí ahora, ha dado para ti espontáneamente.

1 Crónicas 29:17

Dios, cuando miras todo lo que soy, ¿qué ves? Comienzo cada día con la esperanza de vivir mi tiempo en esta tierra con paz e integridad. Esto solo sucederá cuando deposite toda mi confianza en ti. Te pido que me concedas discernimiento, Señor.

Ayúdame a dar un paso hacia atrás de mis circunstancias con paciencia, para poder orar y así tomar las decisiones y acciones correctas. Perdóname cuando me vuelvo obstinado y busco ser independiente, en vez de ser íntegro. Dios, oro para que puedas ver en mí un corazón dispuesto y tengas complacencia en él. Anhelo ser una persona de profundidad, humildad y honor que siga tus caminos.

Cuando me interpongo en el camino

Vuelve ahora en amistad con él, y tendrás paz; y por ello te vendrá bien. Toma ahora la ley de su boca, y pon sus palabras en tu corazón.

Job 22:21-22

¿Cuántas veces mi voluntad testaruda me ha impedido entregar toda mi vida a tu cuidado? Estoy trabajando en esto. Verdaderamente anhelo la paz que viene con la entrega. Sé que se trata de un intercambio de mis miedos e incertidumbres por tu verdad. Yo recibo la mejor parte de este trato, Señor. Cuán bueno eres conmigo. Dame un corazón dispuesto que almacene tu sabiduría para que me colme, inunde mi vida y se vuelva mi primera y única fuente de lo que necesito y lo que doy al prójimo.

Cuando quiera salirme con la mía –y ambos sabemos que eso sucederá– muéstrame tu dirección. Quiero despejar el camino para poder caminar en tu dulce voluntad.

Buscando un pleito

Apártate del mal, y haz el bien; busca la paz, y síguela.

SALMOS 34:14

Esta es una de esas mañanas en las que todo lo que digo es tomado a mal. Sé que una conversación va en una mala dirección cuando comienzo a interpretar los suspiros del otro como palabras ofensivas. Estuve aquí lo suficiente como para saber que en minutos esta situación se puede tornar en un hecho desafortunado. Pero es difícil detenerse. Creo que si las cosas van de mal en peor es culpa mía. Algunos días tan solo me siento apagado y busco una batalla externa para representar aquella que tengo dentro. ¿Por qué le cuesta tanto a mi corazón dar una media vuelta hacia la paz?

Dios, dame un deseo de paz, aun cuando sienta impulsos de dejar mi opinión en claro. Si mi argumento o teoría no tiene que ver con amarte o rendirte honor, entonces estoy fuera del camino. Gracias por dejarme ser vulnerable y nunca refrenar tu paz para este corazón tan humano que tengo.

El que guarda mi paz

Tú guardarás en completa paz a aquel cuyo pensamiento en ti persevera; porque en ti ha confiado.

ISAÍAS 26:3

Todos están improvisando en esta vida, a menos que se asocien contigo en cada paso, cada esperanza. Tú me has cambiado, de alguien que vivía naturalmente con temor porque le parecía lo normal a alguien que tiene una confianza inalterable en ti. Tú eres el protector de mi corazón, de mi familia, de mis días, mi pureza, integridad, propósito y fe. Tú eres el pacificador que afianza mi espíritu con palabras de confianza y consuelo.

Señor, Tú eres mi cimiento y mi amado pastor. Cuando transito un terreno inestable, me recuerdas que no sé lo que Tú sabes. Recordar esto me llena de profunda paz porque entiendo que estoy contigo, aquel que sí sabe. Gracias por todos los roles que cumples en mi vida. Mi corazón desborda gratitud.

ENERGÍA

Renovado por ti

Goteará como la lluvia mi enseñanza; destilará como el rocío mi razonamiento; como la llovizna sobre la grama, y como las gotas sobre la hierba.

DEUTERONOMIO 32:2

Señor, cúbreme con tu sabiduría. Inunda la sequía de mi mente con el rocío de tus palabras. Quiero absorber tus enseñanzas para que pueda experimentar, de pies a cabeza, la plenitud de tu verdad. No viniste a tener una relación con nosotros para que apenas podamos tomar nota y retener tus ideas de amor y compasión. Viniste para que pudiéramos tener vida en abundancia.

Mi piel y mis huesos, mi espíritu y las células de mi cuerpo, cada parte de mí quiere ser nutrida por el sustento de tu maná. Transforma mi vida para pasar de ser un organismo sediento a una fuerza viva que prospera y da fruto. Ayúdame a alentar a otros a pararse bajo la lluvia de tu amor.

Cuánto te necesito

He aquí que yo les traeré sanidad y medicina; y los curaré, y les revelaré abundancia de paz y de verdad.

JEREMÍAS 33:6

Dios, durante años he hablado a los demás acerca de tu paz que sobrepasa todo entendimiento. Ahora me doy cuenta de que no lo entendía del todo hasta hoy. Sé que necesito con desesperación el poder sanador de tu paz permanente y misteriosa. Entiendo la fragilidad de mi condición humana con mayor profundidad. Es como si me hubiese despertado del engaño de la autosuficiencia, y no hay vuelta atrás. Te necesito. Necesito tu vitalidad. Necesito la seguridad de tus promesas.

Oh, cuánto te amo, Dios. Tú deseas que disfrute de tu abundante paz y la experimente cuando las dudas me agobien, cuando tenga que enmendar mis relaciones, cuando mi cuerpo necesite curarse y precise redireccionar los patrones de mi pensamiento. Estoy quebrantado ante ti esta mañana, pero nunca me sentí tan lleno.

Nunca hambriento

> Comeréis hasta saciaros, y alabaréis el nombre de
> Jehová vuestro Dios, el cual hizo maravillas con vo-
> sotros; y nunca jamás será mi pueblo avergonzado.
>
> JOEL 2:26

He tenido años de austeridad. He enfrentado tiempos en los que no había suficiente dinero para cubrir nuestras necesidades, o eso pensábamos. Pero siempre me has sacado adelante. Mi hambre no es física, sino espiritual. Guíame al banquete de tu Palabra, para que pueda nutrirme en ti hasta que mi alma sea saciada. Todo lo que debo hacer es sentarme en tu mesa y ser alimentado y saciado. Sé que los tiempos de austeridad del espíritu han venido solo cuando dejé de lado tu invitación para sentarme junto a ti y recibir el banquete de la fe.

Perdóname, Dios, por los momentos en los que me olvido de las maravillas en tu mesa. Alabo tu nombre. Hoy es un día para ser saciado. Nunca más debería pasar hambre. No me dejes apartarme de tu abundancia otra vez.

Un propósito más profundo

Porque en todas las cosas fuisteis enriquecidos en él,
en toda palabra y en toda ciencia.

1 Corintios 1:5

Miro hacia atrás y veo a toda la gente que tuvo una influencia positiva en mi vida, y sé que han compartido de la fuente de tu conocimiento. Quiero ser esta clase de persona para con otros. Puedo ver que la profundidad de mi entendimiento viene de ti. Ayúdame a buscar tus pensamientos y tu guía cada día y así poder conocer y hablar tu verdad a mi familia y aquellos que me rodean.

Moldéame hasta convertirme en una persona que eleva a los demás con palabras e ideas nacidas del tiempo que he vivido en tu presencia. Y mientras aprendo a escucharte con mayor claridad, que también me vuelva más compasivo y disponible para mis amigos, familia y colegas. Anhelo que todo lo que emane de mi corazón y de mis palabras nazca de la fuente inagotable de tu amor.

SATISFACCIÓN

Todo sabe mejor

No hay cosa mejor para el hombre sino que coma y beba, y que su alma se alegre en su trabajo. También he visto que esto es de la mano de Dios. Porque ¿quién comerá, y quién se cuidará, mejor que yo?

ECLESIASTÉS 2:24-25

Señor, experimento el renuevo y me conecto contigo cuando te adoro. Tanto cuando me despierto como al volver de la iglesia, o luego de compartir de tu bondad durante el día; todos estos son momentos de gratitud. Estos son momentos en los que hago una pausa para adorarte y agradecerte por lo que viene de tu mano. Hay gozo cuando reconozco a la fuente de todo lo que es bueno.

El gozo de la vida puede encontrarse en la sencillez de la fe. Tiendo a complicar mi búsqueda de contentamiento porque baso el "logro" de ese gozo en metas económicas, ascensos profesionales o la realización de proyectos en la casa. ¿Cómo fue que estas cosas me desviaron tanto? No hay razón para esperar el gozo que es esta vida. Comienzo este día con todo lo que necesito.

Despertando hacia la satisfacción

De mañana sácianos de tu misericordia, y cantaremos y nos alegraremos todos nuestros días.

Salmos 90:14

Abrí los ojos esta mañana, Señor, y fijé la mirada en el paisaje que se descubre a través de mi ventana. Pienso en las aves que encuentran la rama más alta de un arbusto florido para poder apreciar el paisaje y cantar sus canciones, cánticos que suenan a alabanzas por todo lo que has creado. ¿Y yo? Solo quiero darme vuelta y silenciar el despertador. Todo en mi vida debería llevarme a cantar como las aves... a cantar con gozo. ¿Qué me detiene? Te amo, y tengo tanto para agradecer.

En vez de darme vuelta y seguir durmiendo, me volveré hacia esta nueva hoja en blanco, este nuevo día que me regalas, para expresar mi gratitud. La satisfacción comienza cuando te reconozco a ti como Señor, como *mi* Señor, y le doy la bienvenida al día que has creado para mí. Me humillo, amado Creador. Tú sí que sacias mi alma.

Completo y contento

> Sé vivir humildemente, y sé tener abundancia; en todo y por todo estoy enseñado, así para estar saciado como para tener hambre, así para tener abundancia como para padecer necesidad. Todo lo puedo en Cristo que me fortalece.
>
> FILIPENSES 4:12-13

Dios, ¡Tú siempre tienes primero las grandes ideas! He visto que hay más y más libros, blogs y canciones sobre la importancia de ser feliz con lo que tenemos, que estar insatisfecho por lo que no tenemos. Pero por siglos Tú has estado alentando a tus hijos con este mensaje mediante las palabras de Pablo. (Nota mental: cuando me sienta descontento con alguna parte de mi vida, puedo buscar una nueva perspectiva a través del poder y la Palabra de Dios.) Oro para que nunca me conforme con la inquietud y la falta de agradecimiento de la insatisfacción. Que pueda comenzar cada día con hambre por ti, y estar completo y contentarme con tu amor que cura y sacia.

La paz del "suficiente"

> Por nada estéis afanosos, sino sean conocidas vuestras peticiones delante de Dios en toda oración y ruego, con acción de gracias. Y la paz de Dios, que sobrepasa todo entendimiento, guardará vuestros corazones y vuestros pensamientos en Cristo Jesús.
>
> FILIPENSES 4:6-7

Ya no será el "más" mi objetivo fundamental. Me abruma la desesperación cuando dudo de tu provisión o mido mi seguridad según lo que he alcanzado. ¿Por qué siento la necesidad de aplicar medidas terrenales de seguridad a tu cuidado divino? El tamaño de mi casa y de mi cuenta bancaria no tienen nada que ver con mi integridad. Cuando con ansiedad me preocupo por las incertidumbres de lo que mi familia y yo tenemos por delante, Tú me llamas a volver a lo que realmente importa. Todo lo demás es un falso refugio. Vine a este mundo desnudo y en llanto, y Tú me brindaste todo lo que necesitaría para vivir. Tu plan para mi vida fue echado a andar, así como la paz que hoy es mi esperanza. Viviré este día sabiendo que esto, Señor, es suficiente.

PLENITUD

Esperanza de regocijo

El deseo cumplido regocija el alma.

PROVERBIOS 13:19

Dios, te he visto moverte en mi vida con delicadeza. Es innegable que eres el dador de todo lo bueno, incluida la esperanza que tengo de ver las posibilidades desarrollarse en mi vida. En tiempos de adversidad, me aferro a ti. En tiempos de asombro, reconozco tu mano en todo lo que sucede. Intento poner mi mente en ti cada mañana, para que mis pensamientos estén, de algún modo, cimentados en el cielo.

Tú sabes el anhelo que hay en mi corazón en este momento. Comienzo el ejercicio de entregarte ese deseo a ti cada vez que piense en él. Lo entrego a tu cuidado y posesión porque si algún día me pides que lo suelte, quiero estar dispuesto. Y si se cumple, quiero alabar tu nombre con todo lo que soy y con dulces palabras de gratitud.

Moldea este corazón

Jehová cumplirá su propósito en mí; tu misericordia, oh Jehová, es para siempre; no desampares la obra de tus manos.

SALMOS 138:8

Jesús, moldéame. Moldea este corazón y esta vida, Señor. Anima mi espíritu para que tenga la esperanza de que soy una obra en proceso. Hoy vengo a ti de rodillas, y dejo que las palabras y las emociones fluyan. Clamo a ti, Dios: por favor no desampares la obra de tu amor. Anhelo ser pleno y estar colmado de tu propósito.

A menudo he estado presionado y he luchado casi al límite de mi propia fuerza. Estoy cansado y necesitado, y Tú eres poderoso y misericordioso. Quiero poner este día en tus manos, donde puede ser usado para servir a tus propósitos. Oro por la renovación, en lo pequeño y en lo grande. Que en el correr de cada mañana hacia la tarde... y el de cada día hacia toda una semana, mes y año... mi vida sea un reflejo de tu amor incondicional y eterno. Y que siempre te alabe por tu misericordia.

Todo mi corazón

Te dé conforme al deseo de tu corazón, y cumpla todo tu consejo.

SALMOS 20:4

Disfruto entrar en tu presencia. Aquí, mi mirada está puesta en ti y me alejo de las distracciones, incluidas mis preocupaciones. La mayoría de la gente aprende que tarde o temprano los demás le fallarán. Y yo no soy la excepción. Pero tengo gozo y una promesa que llena mi corazón con deleite puro: no me decepcionarás. De hecho, me recuerdas que puedo clamar a ti y buscarte cuandoquiera que lo necesite, con la certeza de que Tú me responderás.

Cuando enfrento un día difícil porque alguien me falla o yo mismo me fallo, allí te encuentras para recordarme los planes de bien que estás obrando en mi vida. Hoy te doy todo mi corazón, para estar seguro de que los deseos que guardo vienen de ti y están destinados a ser cumplidos por ti y para tu propósito divino.

Que pueda ser un motivador

Y considerémonos unos a otros para estimularnos al
amor y a las buenas obras.

HEBREOS 10:24

Estoy asombrado de cierta gente que da un paso al
frente para hacer obras de bien en este mundo. Ad-
miro las convicciones que moldean a los líderes y se
vuelven un catalizador de caminos de cambio y esperanza. Señor, quiero aferrarme a tu esperanza y hablar de ella, para que sea luz para otras personas.

Me has dado el tiempo para ejercitarme en dar
aliento al prójimo. Mi día y mi vida están llenos de
oportunidades de vivir este deseo. Que pueda dar ánimo a cada persona que hoy se cruce en mi camino.
Dame las palabras correctas para llegar al corazón de
cada uno, incentivándolos a ser su mejor versión en
ti. Señor, si deseo ser una persona de influencia, enséñame de nuevo a fijarme en mi propia familia, primero, y luego, en el mundo que me rodea.

SEGURIDAD

Hoy danzo

Has cambiado mi lamento en baile; desataste mi ci-
licio, y me ceñiste de alegría. Por tanto, a ti cantaré,
gloria mía, y no estaré callado. Jehová Dios mío, te
alabaré para siempre.

SALMOS 30:11-12

Me gusta ver el panorama desde aquí, desde el otro
lado luego de haber superado una dificultad. Dios,
puedo reafirmar lo que creo y elevar alabanzas a ti
luego de una larga prueba porque has permitido esto
por tu gracia. Por un tiempo, luego de mi camino de
lucha, tuve miedo de levantar mi voz en victoria. Estaba demasiado inmerso en la duda como para dan-
zar de alegría. Eso es lo que algunas batallas hacen
conmigo, Señor: me hacen temer que un destello de
esperanza será opacado nuevamente por los problemas. Pero Tú me sostienes en la palma de tu mano y
me dices que confíe en ti. Que confíe y crea. Por eso
hoy, canto. Danzo. Y hoy no callaré sobre cómo me
has guiado de vuelta a un lugar de esperanza.

Tú lo eres todo, Dios

Porque tú eres mi roca y mi castillo; Por tu nombre me guiarás y me encaminarás.

SALMOS 31:3

He puesto a un lado mis libros con instrucciones, y he bajado el volumen de las voces ajenas, Señor. Sé que *Tú* eres el único que debería conducir mi vida. Te pido que pueda sentir tu presencia y tu guía. Llévame a una confianza más profunda en ti. Dame un corazón que pueda ver, alcanzar y creer más allá de mis emociones y aferrarse a lo bueno que hay en los demás y en mis circunstancias.

Tú eres a quien le confío mi día. No me es fácil, pero me comprometo a darte este día como ofrenda para poder recibir lo que tienes para mí en mi camino espiritual. Que lo primero que piense hoy provenga de tu Palabra y tu amor, para que mis acciones y decisiones sean inspiradas por tu corazón.

Firme en tu voluntad

Enséñame a hacer tu voluntad, porque tú eres mi Dios; tu buen espíritu me guíe a tierra de rectitud.

SALMOS 143:10

He caminado cuesta arriba por tanto tiempo que al principio no me di cuenta de que el terreno de mi vida había vuelto a ser llano. Ahora puedo tomar aliento. Puedo sentarme con calma y pedirte que colmes y renueves mi espíritu. Puedo clamar a ti para que nutras e infundas mi fe, ya sea que esté enfrentando una leve cuesta arriba o la fuerza de una suave pendiente.

Ayúdame a sacar fuerzas de estos momentos en los que puedo caminar contigo en tierra firme y recta. Guíame para escuchar más que lo que hablo, apreciar más que lo que critico, descansar en ti más que lo que lucho y disfrutar de esta vida más que lo que la analizo. Enséñame a tener esperanza, no porque las circunstancias sean fáciles, sino porque cada día está en tus manos. Puedo mantenerme firme en tu voluntad creyendo en las posibilidades que me das, porque Tú me sostienes.

De un lado a otro

En la multitud de tus caminos te cansaste, pero no dijiste: No hay remedio; hallaste nuevo vigor en tu mano, por tanto, no te desalentaste.

Isaías 57:10

Jesús, soy yo, tu terco hijo. Aquel que anda de un lado a otro a tal ritmo que termina cansándose en todas las cosas y corre en círculos, en vez de transitar el camino que tienes para mí. Ahora percibo el gran cartel de PARE que me has puesto delante en el camino. Sé que es tiempo de no simplemente tener buenas intenciones, sino de seguir deliberadamente tu voluntad para mi vida.

Tomármelo con calma. Cobrar fuerzas. Enfocarme en tu Palabra. Creo que me llamas a estos senderos de esperanza y renuevo. Tú me colmas, Señor, y me llamas no a distancias más largas, sino a un propósito más profundo. Hay un dulce descanso para los cansados (ese sería yo) en el santuario de tu presencia. Oh, Señor... permíteme buscar tu santuario hoy.

OPORTUNIDAD

Responder con el bien

Así que, según tengamos oportunidad, hagamos
bien a todos, y mayormente a los de la familia de la fe.

GÁLATAS 6:10

Enseguida después de recurrir a ti para pedirte gracia, di la vuelta y me enojé con unas personas que solo intentaban ayudarme. Los culpé por mi mal día, aunque solo estaban haciendo su trabajo. ¿Cuándo aprenderé a seguir tu dirección y honrar a todas las personas? Dios, ayúdame a buscar el gozo. Algo mejor, ayúdame a ser un generador de gozo en cada circunstancia.

Veo este día como una oportunidad para servir a los demás y tratar con respeto y amabilidad tanto a mi familia como a los desconocidos. Escojo ver el mal humor, la molestia o la frustración como oportunidades de poner en práctica el regalo de la gracia.

No depende de mí

Me volví y vi debajo del sol, que ni es de los ligeros la carrera, ni la guerra de los fuertes, ni aun de los sabios el pan, ni de los prudentes las riquezas, ni de los elocuentes el favor; sino que tiempo y ocasión acontecen a todos.

ECLESIASTÉS 9:11

Oh, cómo me gustaría llevarme el crédito por oportunidades que he creado o aprovechado. Eso me daría un gran sentido de éxito y poder. Pero, Dios, sé que mi buena suerte es a menudo el resultado de tiempo y oportunidad y de tu bondad. Soy el receptor de tu poder cuando las bendiciones moldean mis días.

Cuando la oportunidad llame a la puerta, concédeme la perspectiva y la visión para ver más allá de mi ego y poder entender que mi rol tan solo fue girar el picaporte, abrir la puerta y darle la bienvenida. Tú la has creado, me la has enviado y me permitiste reconocerla. Gracias, Dios.

Con Dios

Y mirándolos Jesús, les dijo: Para los hombres esto es imposible; mas para Dios todo es posible.

MATEO 19:26

Me encanta sentir que tengo el control. Sentirme autosuficiente. Emanar un sentido de independencia es un deber. Al menos, esa es la imagen que proyecto ante los demás. A decir verdad –y Tú ya lo sabes–, dependo de ti para todo. Justo antes de esa reunión, estuve orando para que me dieras las palabras justas y el coraje para afrontar lo desconocido. Antes de tomar una decisión que tendría impacto en mi familia, estuve de rodillas buscando tu voluntad. Necesito y deseo encarar cada oportunidad *contigo*.

Dios, permíteme mostrarle a los demás que Tú eres mi fuerza. Dame la confianza en ti para dejar de mantener mis debilidades en secreto. Cuanto más revele la verdad, mejor reflejaré a aquel que fortalece a los débiles y hace posible lo imposible.

Crea este día

Y la vasija de barro que él hacía se echó a perder en su mano; y volvió y la hizo otra vasija, según le pareció mejor hacerla.

JEREMÍAS 18:4

Señor, el día de ayer fue algo así como un fracaso. Mis grandes planes se marchitaron y mis altas expectativas se desplomaron. Mi plan perfecto, completo y preciso, visto a la luz del día resultó tener grietas a montones. Así que aquí estoy, enfrentando un día nuevo y queriendo que sea mucho mejor que ayer. He aprendido la lección. Entregaré este día en las manos del Alfarero para que le dé forma.

No puedo esperar a ver cómo lucirá un día moldeado y preparado por ti. Apuesto a que será fuerte, bello y pleno.

PRODUCTIVIDAD

Viendo tu propósito

Bienaventurado todo aquel que teme a Jehová, que anda en sus caminos. Cuando comieres el trabajo de tus manos, bienaventurado serás, y te irá bien.

SALMOS 128:1-2

Señor, estoy en deuda contigo. Y cuanto más comprendo tu grandeza y la extensión de tu poder, más voluntad tengo de poner mi día en tus manos. Ayúdame a ver que caminar en tu senda es el camino hacia el propósito y el sentido. Quiero que cada día valga. Que las próximas veinticuatro horas sean de servicio a ti. Ayúdame a ser mi mejor versión y permíteme dar frutos que sean de tu agrado.

Dame entendimiento de la productividad y el propósito como Tú los ves, Señor. Así, cuando enfrente un desvío o distracción, la veré por lo que es... una oportunidad de darme la vuelta, seguir tu guía y ser fructífero.

Entregándome a ti

Ocúpate en estas cosas; permanece en ellas, para
que tu aprovechamiento sea manifiesto a todos.

1 Timoteo 4:15

Dador de vida, dame pasión y energía para todo lo que
emprendo. Mantenme aferrado a tu Palabra para que
sea honrado e íntegro en todo lo que haga. Mi agenda
de hoy incluye tareas difíciles... Ayúdame a ser dili-
gente y consciente al realizarlas para que los demás
puedan ver la obra de tus manos. Y cuando enfrente
proyectos que parezcan rutinarios, permíteme ver su
verdadero valor.

Dios, quiero contribuir con tu Reino. Fortaléceme
para dar lo mejor de mí en cada momento. Que en mis
tiempos de reflexión, meditación y oración ponga el
ciento por ciento de mi esfuerzo al comprender que
son ofrendas para ti, Señor.

Legado de paz

Jehová, tú nos darás paz, porque también hiciste en nosotros todas nuestras obras.

Isaías 26:12

A veces es preciso pasar por el caos para comprender mejor la paz. Cuando me encuentro en medio de circunstancias que parecen inestables o fuera de control, y en lo profundo siento una calma que me permite aun en esos momentos buscarte... experimento tu paz. Cuando los tiempos duros se suavizan y puedo alcanzar una meta, sé que he sido testigo de la protección de tu paz.

Haces tanto por mí, Señor. Sin ti me encuentro perdido. Sin ti no puedo alcanzar nada que valga para la eternidad. Gracias, Dios, por cuidar de tus hijos.

A la altura de las circunstancias

Pero de ninguna cosa hago caso, ni estimo preciosa mi vida para mí mismo, con tal que acabe mi carrera con gozo, y el ministerio que recibí del Señor Jesús, para dar testimonio del evangelio de la gracia de Dios.

HECHOS 20:24

Señor, ¿es hoy el día en que aprenderé a ser un ejemplo de tu gracia? Espero que así sea. Sé que he fallado en el pasado. Comienzo con buenas intenciones, pero pronto las abandono para alcanzar lo que me gusta más. Dinero. Éxito. Reputación. Estatus. Estas pueden parecer bendiciones del cielo, pero no son muy útiles a la hora de compartir tu gracia con los que me rodean.

Si quiero mirar hacia mi pasado con complacencia, preciso ser un siervo productivo, alguien que brinde ayuda, que dé cuidado a los demás, un amigo y un predicador del evangelio de tu gracia.

SERVICIO

Lleno de gracia

Andad sabiamente para con los de afuera, redimiendo el tiempo. Sea vuestra palabra siempre con gracia, sazonada con sal, para que sepáis cómo debéis responder a cada uno.

COLOSENSES 4:5-6

Abre mis oídos a las necesidades de otros, Señor. Que mi presente sea mi oportunidad para realmente oír lo que hablan los que me rodean. A menudo, mi agenda personal es lo que llena mi mente mientras alguien me abre su corazón. Otórgame paciencia, compasión y una actitud receptiva para poder entender lo que otros están necesitando. Quizá solo precisen ser escuchados, pero tal vez estén buscando consuelo, o necesiten saber de tu bondad.

Luego de escuchar, que pueda dar palabras que vengan de ti y que estén en tu corazón para esa persona en especial. Que nunca deje que mis propios objetivos se antepongan a la conversación que está en tus planes.

El camino honrado

No paguéis a nadie mal por mal; procurad lo bueno delante de todos los hombres. Si es posible, en cuanto dependa de vosotros, estad en paz con todos los hombres.

ROMANOS 12:17-18

Cúbreme, Señor... estoy comenzando mi día. Protégeme de mi propio deseo de tener razón o de hacer las cosas a mi manera. Cuando enfrente a alguien que no sea justo conmigo, dame el regalo del silencio o las palabras sabias para apaciguar la situación. Admito que a veces preferiría demostrarle a alguien que está equivocado, que probar que la paz es honrada.

Conduce mi mente a una solución pacífica. Dale a mi corazón la sensibilidad que necesita para ver más allá de la maldad, a la necesidad de los oprimidos. Y bendíceme, Señor, con la claridad mental para actuar de una manera honrada que deje a los demás ver un destello de ti, que otorgas paz al alma.

Emanando de tu amor

> ... y a cualquiera que te obligue a llevar carga por
> una milla, ve con él dos. Al que te pida, dale; y al que
> quiera tomar de ti prestado, no se lo rehúses.
>
> MATEO 5:41-42

Es increíble cuánto esperan de mí los demás. Pero hoy, enfrentaré con gracia las exigencias de mi familia, compañeros de trabajo y toda persona que precise de mi tiempo. Cuando responda a la puerta, sé que habrá alguien que necesitará algo de mí. Sálvame de mi reacción inmediata, que es hacer oídos sordos o cerrar la puerta. Permíteme ir más allá de lo que me están pidiendo. Tú me darás la fuerza y la habilidad para hacerlo. No debo preocuparme por mis propias limitaciones.

Hoy me postraré ante ti y te pediré la paciencia, la amabilidad y el amor que necesito para hacer la milla extra.

Sirviendo con mis dones

Cada uno según el don que ha recibido, minístrelo a los otros, como buenos administradores de la multiforme gracia de Dios.

1 Pedro 4:10

Señor, ¡me encantan los dones! Tan solo no estoy seguro de cuáles tengo. Déjame saber quién soy yo en ti. Permíteme ver los dones que has puesto en mi corazón y mi alma para que pueda usar este día para bien. Hay momentos en los que veo mis virtudes en acción, pero no siempre soy constante. Ayúdame a ver las áreas de mi vida que deben ser desarrolladas. Guíame para conectarme con todos a los que puedo servir o consolar. Líbrame de mis inseguridades que me impiden compartir mis dones abiertamente y con todo el corazón. Motívame a dejar aquellas actividades o intereses que ocupan el tiempo para lo que Tú quieres que haga. Anhelo sacar lo mejor de esta vida que me has dado, Señor. Comienzo este día con una visión y gratitud renovadas.

CAMBIO

Como un niño

... Y dijo: De cierto os digo, que si no os volvéis y os hacéis como niños, no entraréis en el reino de los cielos. Así que, cualquiera que se humille como este niño, ése es el mayor en el reino de los cielos.

MATEO 18:3-4

¿Cómo puedo cambiar este día, Señor? ¿De qué manera mi mentalidad de adulto me impide acoger la fe pura y sincera de un niño? A veces pienso que mis metas me mantienen en un patrón de autosuficiencia, y me vuelvo incapaz de pedir ayuda... incluso a ti. Mi orgullo, mi fuerte deseo de encontrar mi propio camino como adulto, no me permite arrodillarme a tus pies y pedirte ayuda y misericordia.

Muéstrame hoy cómo renunciar al control y aceptar los cambios –tanto las bendiciones como las pruebas– que vienen con una fe humilde como la de un niño.

Moldéame

> Entonces el Espíritu de Jehová vendrá sobre ti con poder, y profetizarás con ellos, y serás mudado en otro hombre.
>
> 1 Samuel 10:6

En este día te entrego mi vida. Someto mi voluntad a la tuya. Al depositar en tus manos mis programas y proyectos tendré la oportunidad de ver tu poder en acción en mi vida. Donde haya resistencia, otórgame paz para poder soltarlo. Donde haya duda, dame entendimiento para volverme sabio. Donde haya debilidad, concédeme sabiduría para adherirme a tu fuerza.

Dios, cada día que camine en fe debería ser un día que te permita que me cambies, me moldees y hagas fructificar el potencial que plantaste en mí.

Ayúdame a ser constante

Además, el que es la Gloria de Israel no mentirá, ni se arrepentirá, porque no es hombre para que se arrepienta.

1 SAMUEL 15:29

Cuando no tengo duda acerca de una decisión, a menudo me encuentro deseando haber tomado otra elección. Mis pies nunca parecen estar en el terreno firme de la fe inquebrantable. Cuestiono todo y a todos por causa de mi propio razonamiento distorsionado. Que mis decisiones sean comparadas con tu Palabra y voluntad... y concédeme paz al avanzar en el camino.

Tú eres constante, honesto y verdadero. Que la primera decisión que tome cada día siga tu guía.

Lo que importa

A los ricos de este siglo manda que no sean altivos, ni pongan la esperanza en las riquezas, las cuales son inciertas, sino en el Dios vivo, que nos da todas las cosas en abundancia para que las disfrutemos.

1 Timoteo 6:17

Llévame a invertir mi tiempo y mi energía de hoy en los asuntos del corazón. No permitas que le dé valor a las cosas temporales de este mundo. Tú me provees todo lo que necesito. ¿Cuándo aprenderé que mi cometido no es crear un imperio? Mi trabajo es servir en tu Reino. Parece que he pasado mucho tiempo soñando despierto con una vida fácil, cuando sería mejor utilizar ese tiempo para imaginar cómo dar ánimo a los demás, cómo brindar ayuda al pobre y ser sensible con el herido.

Quítame la arrogancia y reemplázala con un nuevo corazón humilde. Estaré buscando maneras de depositar mi esperanza en ti.

DEVOCIÓN

Oyes mi lamento

Entonces él volvió su rostro a la pared, y oró a Jehová y dijo: Te ruego, oh Jehová, te ruego que hagas memoria de que he andado delante de ti en verdad y con íntegro corazón, y que he hecho las cosas que te agradan. Y lloró Ezequías con gran lloro. Y antes que Isaías saliese hasta la mitad del patio, vino palabra de Jehová a Isaías, diciendo: Vuelve, y di a Ezequías, príncipe de mi pueblo: Así dice Jehová, el Dios de David tu padre: Yo he oído tu oración, y he visto tus lágrimas; he aquí que yo te sano; al tercer día subirás a la casa de Jehová.

2 Reyes 20:2-5

Oro para que mi vida sea digna de tu bondad por medio de tu gracia. Anhelo caminar fielmente a tu lado. Aunque he sentido tristeza en mi vida, siempre he sabido que oyes mis lamentos. Te pido que mi deseo de hacer el bien y vivir con honor sea de tu agrado. Cuando mis problemas me hagan dudar, que pueda evocar las veces que clamé por ayuda y Tú me oíste. Recordar los momentos de emociones compartidas me inspira devoción a ti.

Concentrarse en la verdad

Las obras de sus manos son verdad y juicio; fieles son todos sus mandamientos, afirmados eternamente y para siempre, hechos en verdad y en rectitud.

SALMOS 111:7-9

Mis pensamientos me jalan en todas direcciones. Cuando me vuelvo a tus preceptos y tus verdades, estoy más enfocado y comprometido. A veces atravieso mis días en una especie de neblina, hasta que soy confrontado por una situación que necesita atención y oración. Allí es cuando salgo de mi rutina, de mi modo "control de crucero", y entro en mi verdadera vida. Me agradan estos momentos en los que siento tu amor y tu dirección, y me aferro a tu fidelidad.

Soy la obra de tus manos. Perdóname cuando olvide esto, Señor. Llévame a situaciones que requieran la urgencia de la oración y el deseo de buscar tu verdad.

Eligiendo la fe

Ningún siervo puede servir a dos señores; porque o aborrecerá al uno y amará al otro, o estimará al uno y menospreciará al otro. No podéis servir a Dios y a las riquezas.

LUCAS 16:13

Al levantarme y encarar el día, me doy cuenta de que mis pensamientos con frecuencia van hacia mis necesidades económicas. No es que esté planeando una gran adquisición corporativa... pero me demoro en los altibajos diarios de mi cuenta bancaria. Siento que la preocupación comienza a consumirme hasta que mi mente puede asimilar una solución. Comienzo a ver cómo este enfoque erróneo me aleja de servir al que llamo mi amo.

Limpia este desorden, Señor. Quiero que, al despertar, mis pensamientos sean consagrados a ti y a las prioridades que tienes para mí. Te doy todo el control de mi situación financiera. Permíteme sentir la libertad de esta decisión.

Corazón y alma

Poned, pues, ahora vuestros corazones y vuestros ánimos en buscar a Jehová vuestro Dios...

1 Crónicas 22:19

Desde ahora en adelante, quiero dar mi corazón y mi alma a aquel que cuida de mí. Tú me creaste. Tú me conoces, y me amas. Anhelo ser un seguidor fiel que siempre busque tu rostro. Cuando haces brillar tu gracia sobre mi día, mi tiempo se vuelve una atractiva ofrenda de esperanza, no por nada que yo haya hecho, sino porque Tú das valor eterno a mi vida cotidiana.

Me pregunto dónde te encontraré a lo largo de este día. Cuanto más te busque, más notaré tu mano en mi vida.

COMPROMISO

El arca de una promesa

> Estableceré mi pacto con vosotros, y no exterminaré ya más toda carne con aguas de diluvio, ni habrá más diluvio para destruir la tierra.
>
> GÉNESIS 9:11

A través de la lluvia que hoy caía apenas podía vislumbrar el camino por delante. Los limpiaparabrisas me abrieron el campo visual y el ritmo de su movimiento me arrulló, llevándome a pensamientos profundos. Es gracioso cómo momentos así me incitan a hacerme preguntas sobre mi vida. O bien tengo preocupación por el día que vendrá por delante, o tengo miedos infundados amarrados a mi futuro incierto.

Pero justo al frenar en un estacionamiento, vi un arcoíris radiante. ¡Qué glorioso recordatorio de que Tú estás comprometido con mi día y con los días que están fuera de mi alcance!

Al agradecerte por la belleza de tales colores sobre un cielo oscuro, puedo recordar los momentos en los que me sacaste de las aguas de la desesperanza y me llevaste al monte de la misericordia.

Saber es creer

> Conoce, pues, que Jehová tu Dios es Dios, Dios fiel,
> que guarda el pacto y la misericordia a los que le
> aman y guardan sus mandamientos, hasta mil ge-
> neraciones.
>
> DEUTERONOMIO 7:9

Tú eres Dios. Tú eres el Dios de Adán y Eva. Tus manos dieron forma al universo y a cada partícula dentro de su masa ilimitada. Cada generación que pasó ha sentido la presencia de tu poder. Estoy siguiendo los pasos de gente que ha presenciado tu amor y tu cuidado. Sus historias me recuerdan tu compromiso con toda tu creación.

Cuando me siento perdido en la espiral del cosmos, puedo aferrarme a la seguridad de este compromiso. A la vez, mi compromiso diario contigo (de guardar tus mandamientos) me mantiene atado al ancla de la fe.

Palabras de honor

Pero sea vuestro hablar: Sí, sí; no, no; porque lo que
es más de esto, de mal procede.

Mateo 5:37

Hace poco dije un "sí" a medias tintas, en vez de apegarme al "no" que en verdad era mi intención. Otras veces, rechazo precisamente aquello que debería aceptar. Ayúdame a tomar decisiones sabias, Señor. Si mi poca disposición para hacer algo se origina en la pereza o la falta de compasión, condúceme a un "sí" firme. Cuando una decisión pueda llegar a distraerme de las prioridades que tienes para mí, dale fuerza a mi voz para expresar un "no".

Anhelo discernir con claridad la guía del Espíritu. Hazme sensible a tu llamado para que en mi vida mis respuestas y mi camino puedan ser sinceros y verdaderos.

Te entrego este día

Encomienda a Jehová tus obras, y tus pensamientos serán afirmados.

PROVERBIOS 16:3

Cada momento que viva hoy es tuyo. Te encomiendo mis pensamientos, acciones, reacciones y planes. Pido tu bendición sobre mi vida, y busco tu fuerza para enfrentar dificultades que puedan tentarme a titubear a la hora de seguir tu camino.

Cuando comience a pensar que este es tan solo "un día corriente", dame un sentido claro de cuán grande puede llegar a ser este día. Tú puedes usar mis ofrendas, pequeñas y grandes, para convertir las próximas veinticuatro horas en un futuro grandioso.

ESPERANZA

Hallando propósito en la esperanza

Integridad y rectitud me guarden, porque en ti he esperado.

SALMOS 25:21

Con esperanza en mi corazón, soy más fuerte y más liviano. Un alma alcanzada por la esperanza ya no se encuentra atada al peso de las transgresiones diarias. La esperanza da alas a mis sueños y me inspira a la bondad. Con tu ayuda, puedo emprender una tarea con integridad y honestidad. Cuando la rutina se vuelve tediosa, mi esperanza en ti me ayuda a ver con claridad el propósito que tengo por delante.

Hay tanto que nacerá a partir de esta esperanza de hoy. Que pueda reconocer la seguridad y fe que me regalas, y confiar en ti para sostenerme cuando nadie más lo haga.

La esperanza soporta la espera

Nuestra alma espera a Jehová; nuestra ayuda y nuestro escudo es él.

SALMOS 33:20

Hoy precisaré ayuda. No hay duda sobre eso. Te busco a ti como fuente de ayuda y protección. Guía mis pasos, mis palabras, mis inclinaciones. También tengo algunas cargas para entregarte. Son preocupaciones que llevo cargando hace ya tiempo. Pero en vez de esperar a que estas inquietudes se materialicen en algo malo, aguardaré tu esperanza.

Conociéndome, sé que de vez en cuando querré hacer una visita a mis preocupaciones. No es fácil cambiar de rumbo. Sin embargo, confío en ti, y le doy la bienvenida a la esperanza en mi vida ahora que hay mucho espacio para ella.

Estando firmes

Mantengamos firme, sin fluctuar, la profesión de nuestra esperanza, porque fiel es el que prometió.

HEBREOS 10:23

Me cuesta tanto decidirme a la hora de pedir la comida de un menú. Una parte de mí quiere todo lo que está en la lista. La otra teme que apenas tome la decisión, me daré cuenta de que era la incorrecta. Dios, no me permitas ser de esta manera en la manifestación de mi esperanza. Haz que mi fe en tus promesas sea fuerte, decidida y completa.

La vida ofrece muchas opciones, y con cada una hay un riesgo. Pero mi esperanza en ti, Señor, nunca es un riesgo.

Una vida de esperanza

> ... gozosos en la esperanza; sufridos en la tribula-
> ción; constantes en la oración; compartiendo para
> las necesidades de los santos; practicando la hospi-
> talidad.
>
> ROMANOS 12:12-13

Esta semana desearía ser un portavoz de la esperanza. No en el sentido de aparecer en las carteleras o la publicidad... sino de maneras suaves y sutiles. Que pueda traducir la esperanza que recibo por medio de la fe para que quienes me rodean puedan discernirla. Bendíceme con palabras amables y un espíritu dispuesto.

Cuando pueda dar un paso al costado de mis preocupaciones egoístas y ver las necesidades ajenas, podré abrazar íntegramente la intención de la esperanza.

PROVISIÓN

Me vuelvo a ti primero

Busqué a Jehová, y él me oyó, y me libró de todos mis temores.

Salmos 34:4

Cuando te busque durante el día, recordaré que Tú eres la fuente de todo lo que necesito. En vez de buscar a otros para que hagan mi camino más fácil, buscaré tu sabiduría y fortaleza. En vez de confiar en mi trabajo como algo que me defina, buscaré una identidad basada en ti. Cada vez que en mi vida surja una necesidad, que mis pensamientos vayan hacia mi Creador.

Hoy se me presentarán numerosas oportunidades de recibir bendiciones y cuidado de parte tuya. Que pueda ser consciente de cada vez que tu provisión me proteja, me cubra y me nutra.

Lo que viene de ti

Y Jehová habló a Moisés, diciendo: Yo he oído las murmuraciones de los hijos de Israel; háblales, diciendo: Al caer la tarde comeréis carne, y por la mañana os saciaréis de pan, y sabréis que yo soy Jehová vuestro Dios.

ÉXODO 16:11-12

¿Cuántas veces has acudido a mis gritos de auxilio con la provisión perfecta? ¿Y cuántas de esas veces ni siquiera me he dado cuenta? Señor, dame ojos para ver lo que viene de tu mano. Me he quejado por tanto tiempo que ya no tengo voz para alabarte. Y, aun así, Tú sigues extendiendo misericordia sobre mí.

Transforma mi lamento en gozo. Que todo lo que reciba de ti sea una oportunidad para contarle a los demás acerca de tu provisión y tu perdón.

Una razón para el bien

> Y aprendan también los nuestros a ocuparse en buenas obras para los casos de necesidad, para que no sean sin fruto.
>
> Tito 3:14

Sé que antes de que termine este día habré catalogado muchas cosas como "buenas". Mi café de la mañana, una charla con un amigo, una nueva receta de cocina, un programa de televisión. Pero ¿qué saldrá de mi boca y de mis manos que sea verdaderamente bueno ante tus ojos, Señor? ¿Mis esfuerzos suplen lo que los demás necesitan? Oro para que pueda tener un día lleno de actos de bien que afecten positivamente a los que me rodean. Oro para que mi productividad me conduzca hacia tu voluntad.

Devoción no es una palabra que se usa mucho en estos tiempos. Pero anhelo poder poseer un espíritu de devoción al buscar maneras de honrar la esperanza y el propósito que Tú me das. Cada una de tus provisiones es buena. Que pueda compartir de este suministro ilimitado sin dudarlo.

¿Puedes concederme un milagro?

Y Dios dio a Salomón sabiduría y prudencia muy grandes, y anchura de corazón como la arena que está a la orilla del mar.

1 Reyes 4:29

No me siento muy sabio hoy. Tan solo el acto de vestirme y atravesar la puerta fue agotador... y ahora se supone que debo comenzar este día con un propósito. Dios, expande mi espíritu, mi corazón y mi alma para que pueda absorber toda la sabiduría y el entendimiento que me das. Amplía mi conocimiento para que pueda tener una perspectiva celestial de lo que verdaderamente importa.

En días como este, cuando parece que preciso de un milagro para simplemente funcionar, oro para que me concedas tu perspectiva divina. Cuando deje de intentar ser sabio por mis propios medios y descanse en tu verdad, creo que mi vida se abrirá de maneras extraordinarias. Que este sea el día en el que comience a hacerlo.

PERSEVERANCIA

Superando la prueba

> No perdáis, pues, vuestra confianza, que tiene gran-
> de galardón; porque os es necesaria la paciencia,
> para que habiendo hecho la voluntad de Dios, obten-
> gáis la promesa.
>
> HEBREOS 10:35-36

"Si tan solo pudiera superar esta situación...". Me hallo repitiendo esta frase con frecuencia. Busco el lado
positivo que haga tolerable mi tarea del momento.
Mis ojos examinan el horizonte buscando las encru-
cijadas que me traerán una alternativa para la carga
del presente. Pero la perseverancia es un requisito de
la fe. Te agradezco por esta parte del camino, porque
creo que la perseverancia también es un don.

Cuando logre superar lo que sea que me preocupa
dándote honra a ti, sé que recibiré las promesas que
guardas para mí. Si no conozco el sudor del trabajo,
nunca podré entender la dulzura de la victoria.

Ámense unos a otros

[Que] permanezca el amor fraternal.

HEBREOS 13:1

Señor, ayúdame. Hoy veré a alguien que a menudo me hace tropezar y sé que me pongo a la defensiva en su presencia. Ni siquiera puedo ser yo mismo cuando se encuentra presente en el mismo lugar que yo. ¿Por qué permito que mis emociones se lleven lo mejor de mí y conviertan una situación buena en una mala? Pongo este caso en tus manos. Y te pido que me ayudes a ver a esta persona como Tú la ves, y no a través de mis lentes teñidos de experiencias pasadas.

Me siento mejor ahora. Nunca me he preparado para interactuar con esta persona mediante el poder de la oración. Entonces, perseveraré en tu fuerza y no en las mías... y eso cambiará todo.

El don de la compasión

He aquí, tenemos por bienaventurados a los que su-
fren. Habéis oído de la paciencia de Job, y habéis visto
el fin del Señor, que el Señor es muy misericordioso
y compasivo.

SANTIAGO 5:11

Hoy mi mente está pensando en algunos amigos,
Señor. Todos ellos necesitan tu toque de vitalidad.
Se encuentran pasando por grandes dificultades. La
oscuridad de su temor llena sus mentes, aun mientras oran pidiendo esperanza. Oro para que su perseverancia los lleve a ver las bendiciones que Tú tienes
para ellos. En medio del dolor, Tú les ofreces compasión y consuelo. En su preocupación e incertidumbre,
Tú les ofreces misericordia.

Quiero ser un amigo que traiga aliento. Dame tus
palabras al hablarles y orar por ellos.

Discurso de aceptación

> Y cuando ofreciereis sacrificio de acción de gracias a
> Jehová, lo sacrificaréis de manera que sea aceptable.
>
> LEVÍTICO 22:29

Quiero agradecerte, Dios, por brindarme una vida de sentido y oportunidad. Cuando me olvidé cómo transitar mis días, me alentaste a través de la bondad de los demás, de tu Palabra y dándome destellos de esperanza. Gracias por contarme la verdad acerca de tu amor. Compartiste tu gracia con mi corazón cuando más lo necesitaba.

No estaría donde hoy estoy si no fuera por ti. Hay muchas personas a quienes debo agradecer en mi vida, pero sé que la fuente de mi entendimiento, creencia e inspiración eres Tú. Por favor, acepta este agradecimiento de corazón. Te entrego mi mente, mi trabajo y mis alabanzas todos los días.

CONTENTAMIENTO

Predispuesto al gozo

> Crea en mí, oh Dios, un corazón limpio, Y renueva un espíritu recto dentro de mí... Vuélveme el gozo de tu salvación, y espíritu noble me sustente.
>
> SALMOS 51:10, 12

Haz que mi día sea un papel en blanco que dé la bienvenida a la esperanza y el gozo por venir, Señor. Ya no quiero despertarme pensando en las pérdidas, los errores o los "debería haber hecho esto". Tan pronto comienzo esos recuentos, el potencial del día ya está perdido.

"Vuélveme el gozo de tu salvación". Cuando entregué mis cargas a tu cuidado, no solo acepté la esperanza, sino que la vi convertirse en parte de mi experiencia. El tiempo y las circunstancias han saturado esa visión. Recuérdame el gozo de mi fe.

Dos pasos hacia adelante...

Pero gran ganancia es la piedad acompañada de contentamiento; porque nada hemos traído a este mundo, y sin duda nada podremos sacar. Así que, teniendo sustento y abrigo, estemos contentos con esto.

1 Timoteo 6:6-8

¿Por qué compro tantas cosas? Los objetos me consumen. Llenan mi casa. Mis pensamientos. Mi espacio. Ni siquiera *deseo* la mayoría de estas cosas. Aun teniendo una mente con discernimiento dentro de esta cabeza que tengo, me he entregado al monstruo de la mercadotecnia. Considero tonto este comportamiento y, más allá de eso, considero la adquisición de cosas como algo irrelevante para una vida con propósito. Dios, remueve esta codicia de mi corazón para que el contentamiento divino vuelva a ser parte de mi andar.

Quita todo lo trivial para que pueda ver lo que en verdad viene de ti. Que pueda aprender a reconocer los recursos que me brindas para usar en esta vida, y así poder descubrir la vida que quieres para mí.

Oh, qué amigo

Me mostrarás la senda de la vida; en tu presencia hay plenitud de gozo; delicias a tu diestra para siempre.

SALMOS 16:11

Me emociona pensar en pasar tiempo hoy con un buen amigo. Podemos hablar acerca de las cosas más importantes y serias de la vida, así como también entregarnos a la risa verdadera y profunda, sin cohibirnos.

Señor, sé que, en tu presencia, Tú me ofreces una amistad aún más sensible y llena de gozo que esta amistad terrenal. Me avergüenza decir que por momentos me olvido de esto y llego a tu presencia como un niño regañado, en vez de hacerlo como una persona intentando experimentar los placeres de ser conocido, amado y cuidado.

Tú forjas el camino de mis días a través de la historia del tiempo y la experiencia juntos. También ayúdame a adentrarme en el gozo... y a aprender a correr a tu presencia con grandes expectativas de contentamiento y de una relación eterna.

Soltando la incertidumbre

Pero la sabiduría que es de lo alto es primeramente pura, después pacífica, amable, benigna, llena de misericordia y de buenos frutos, sin incertidumbre ni hipocresía.

SANTIAGO 3:17

Mi espíritu inquieto no hallará paz hasta que me postre ante ti y te pida que tomes toda mi vida y la moldees. Tú me formaste en el vientre de mi madre; sin embargo, aún me aferro con fuerza a lo que considero como "mío", incluyendo las victorias y las preocupaciones. Esto no me permite tener paz. Déjame vislumbrar hoy lo que significa entregarme a tu sabiduría por completo. Guíame en esta importante lección para que pueda soltar lo que sujeto con tanta fuerza.

La prosperidad, las pruebas y las tormentas de la vida serán más fáciles de manejar y hasta serán bienvenidas cuando sepa que ellas también están bajo tu soberanía en mi vida. Estos cambios y circunstancias ya no traerán ansiedad e incertidumbre a mi espíritu.

EL PRESENTE

Las vestiduras de una vida

Y si la hierba del campo que hoy es, y mañana se echa en el horno, Dios la viste así, ¿no hará mucho más a vosotros, hombres de poca fe?

Mateo 6:30

Mientras me visto hoy, sé que en el fondo enfrento este día desnudo y dependo de ti para que me cubras. Tu gracia me viste de perdón. Tu misericordia me viste de compasión. Tu amor me viste de valor. Que cada decisión que tome durante el día descanse en la guía de tu mano.

En muchas ocasiones mi fe ha sido pequeña. Pero eso quedó en el pasado. Quiero dejar atrás esa vieja fe para poder ser vestido por la fe que tienes para mí en el presente.

Una cosa a la vez

Así que, no os afanéis por el día de mañana, porque el día de mañana traerá su afán. Basta a cada día su propio mal.

MATEO 6:34

Apacíguame, Dios. Uso mi energía cada mañana resolviendo problemas de los días por venir. Me salto por completo el regalo del presente... el regalo del ahora. Calma mi espíritu, tranquiliza mi respiración y lléname con tu paz para que mis pensamientos acelerados se aplaquen. No me hago ningún bien al pensar en el futuro, frotándome las manos y preguntándome qué pasará mañana.

Sálvame de mi necesidad de controlar cada situación posible. Condúceme a confiar en ti para todo lo que sucederá. Sé que no me pides que maneje todo yo solo. Tú estarás allí conmigo... para mí. Por eso hoy, este momento solo se trata de este momento. Que pueda descansar en él y vivirlo tal como estaba en tus planes.

Buscando las palabras

Pero cuando os trajeren para entregaros, no os pre-
ocupéis por lo que habéis de decir, ni lo penséis, sino
lo que os fuere dado en aquella hora, eso hablad; porque no sois vosotros los que habláis, sino el Espíritu
Santo.

MARCOS 13:11

Dame las palabras que necesito, Señor. Hace tiempo
he estado preocupado por la situación del presente, y
me doy cuenta cuán inútil ha sido esa preocupación.
Tal como me provees el pan de cada día, también
me proporcionarás las palabras y pensamientos que
precise cuando esté bajo presiones. Quita el espíritu
de temor que me arrasa. Permíteme escuchar al Espíritu Santo guiándome.

Ahora puedo volver a repasar frases en mi mente y
luego esperar que todo salga bien. O puedo mantener
mi mente puesta en ti y saber que Tú cuidarás de mí
cuando llegue el momento.

Seguir tu dirección

Y amarás a Jehová tu Dios de todo tu corazón, y de
toda tu alma, y con todas tus fuerzas. Y estas palabras que yo te mando hoy, estarán sobre tu corazón.

DEUTERONOMIO 6:5-6

Dios, quiero usar todos los momentos de este día para
amarte por completo. Cuando me encuentre vagan-
do en pensamientos, comenzaré a alabarte. Cuando
me falte energía, oraré para que tu amor obre a través
de mí. Llena mi alma con entendimiento de ti y tus caminos para que mi "ahora" esté lleno de tu presencia.

Graba en mi corazón todo lo que esperas para mi
vida, Señor. Seguiré este mapa a cada paso del camino.

RENUEVO

Buscándote a ti

Si el hombre muriere, ¿volverá a vivir? Todos los días
de mi edad esperaré, hasta que venga mi liberación.
Entonces llamarás, y yo te responderé; tendrás afec-
to a la hechura de tus manos.

JOB 14:14-15

Cual sea el problema que me depare este día, sé que
la situación será solucionada a tu tiempo. Tengo
gran alivio al saber que mis tiempos de dificultad
serán transformados en cosas buenas. Todo lo que
debo hacer es recordar cómo era mi vida antes de
conocerte, y así entender de qué se trata esta nueva
vida. Gracia. Segundas oportunidades. Renuevo.

Te anhelo a ti. El ritmo de mis días puede hacer que
me olvide de esto... pero en los momentos de calma
entre la noche y la mañana me siento atraído hacia
tu presencia. Y mi gozo se profundiza cuando me doy
cuenta de que Tú también me anhelas.

Brilla

¡Oh Jehová, Dios de los ejércitos, restáuranos! Haz resplandecer tu rostro, y seremos salvos.

SALMOS 80:19

Algunos días son más fríos que otros. Preciso sentir la calidez de tu rostro brillando sobre mí, Señor. Quiero ser cubierto por tu resplandor. Descansando en la palma de tu mano, me siento seguro y salvo. Guíame de nuevo hacia ese lugar.

Tus promesas se desplegarán a lo largo del día. Y las mantendré cerca aun en mi incertidumbre sobre cómo saldrá este día, porque mediante tus promesas viene el renuevo y la plenitud.

El poder de la resurrección

> Porque somos sepultados juntamente con él para muerte por el bautismo, a fin de que como Cristo resucitó de los muertos por la gloria del Padre, así también nosotros andemos en vida nueva.
>
> Romanos 6:4

Mi resurrección personal en esta vida parece llevarse a cabo lentamente. Sé que me has dado una nueva vida cuando entregué mi corazón a ti. Pero Señor, a veces vuelvo a caer en el pasado. Deseo el renuevo que me das por la gracia de *tu* resurrección. Quiero ver, saborear y sentir lo que significa vivir como una creación concebida de nuevo.

Tú me sacas del dolor de la muerte y me llevas a la gloria de la vida... Sin embargo, algunos días, como hoy, invierto poco en seguirte con todo el corazón. Tu amor me sorprende. Justo cuando me siento perdido, me das una señal de renuevo. Una idea. Una canción. Una oración. Un amigo. Esperanza. Estos regalos habituales me recuerdan tu poder para convertir mi corazón cansado en uno maravillado.

Mi próxima nueva creación

En cuanto a la pasada manera de vivir, despojaos del viejo hombre, que está viciado conforme a los deseos engañosos, y renovaos en el espíritu de vuestra mente, y vestíos del nuevo hombre, creado según Dios en la justicia y santidad de la verdad.

EFESIOS 4:22-24

La gente habla de tener nuevas actitudes. Nuevas maneras de pensar. Nuevas maneras de ser. Experimenté eso en el pasado, y fue muy difícil mantener cualquier novedad que intentaba incorporar a mi vida. Quería que los demás me identificaran con esta nueva decisión, pero mis esfuerzos nunca duraban demasiado.

Solo cuando se renuevan mi mente y mi espíritu ocurre una verdadera transformación en mi vida. Mis cambios en el pasado fueron todos superficiales. Solo esta decisión de ser tuyo resultará en un cambio que marque la diferencia.

PRUEBAS

Cuando lleguen los problemas

> Y si alguno de vosotros tiene falta de sabiduría, pídala a Dios, el cual da a todos abundantemente y sin reproche, y le será dada. Pero pida con fe, no dudando nada; porque el que duda es semejante a la onda del mar, que es arrastrada por el viento y echada de una parte a otra.
>
> SANTIAGO 1:5-6

Me encuentro en algo parecido a un aprieto, como Tú ya sabes. Esta mañana me encuentra enfrentando un poco de drama en mi vida. No tengo a nadie a quien culpar, excepto a mí mismo. Negué tu sabiduría, aunque me la ofreciste. Le di la espalda a la guía del Espíritu. Todo esto suena a algo negativo... pero en verdad, esta situación me ha vuelto hacia ti. Cada vez que olvido quién tiene el control en realidad, termino jugando un papel en algún tonto dilema que podría haber evitado.

Diría "nunca más", pero ya he dicho eso en el pasado. Por ahora, simplemente te agradeceré por brindarme los recursos para superar esta prueba. Y que la próxima vez acuda a ti temprano, en vez de tarde.

Sintonizando contigo

Pero os ruego, hermanos, por nuestro Señor Jesucristo y por el amor del Espíritu, que me ayudéis orando por mí a Dios.

ROMANOS 15:30

Una inquietud en mi corazón esta mañana me lleva a orar por mis amigos que están pasando tiempos difíciles. Los tengo en mi mente para recordarlos durante el día... pero Tú sabes cuán atareada se vuelve la jornada. Comenzar el día levantando a otros en oración sintoniza mi corazón con la devoción y me ayuda a estar consciente de estas personas, aun cuando estoy ocupado.

Concédeme una naturaleza devota a la oración. Se necesita mucho esfuerzo para practicar esta disciplina, Señor. Sin embargo, también me ofrece la cercanía a ti que tanto anhelo. Me acerco a ti en esta hora y oro por mí y por los demás, que nuestras pruebas siempre nos conduzcan de regreso a ti.

La obra de una vida

Es verdad que ninguna disciplina al presente parece ser causa de gozo, sino de tristeza; pero después da fruto apacible de justicia a los que en ella han sido ejercitados.

HEBREOS 12:11

¿Cuánto esfuerzo se precisa de mi parte? Algunos días siento que estoy trabado en una cinta caminadora, en vez de en un camino que conduce hacia alguna parte. ¿Qué pides de mí, Dios? Sé que la mayoría del tiempo estoy corriendo para seguir las órdenes que vienen de otros, de mí mismo y del mundo que me rodea... pero no de ti.

Ayúdame a ver que la buena obra que hago tendrá una cosecha de honra y justicia. Y permíteme identificar ese trabajo que corro para cumplir y no tiene otro propósito más que alimentar mi ego. Dame la fuerza para escoger el que te sirve a ti.

Un estudiante espiritual

Venid a mí todos los que estáis trabajados y cargados, y yo os haré descansar. Llevad mi yugo sobre vosotros, y aprended de mí, que soy manso y humilde de corazón; y hallaréis descanso para vuestras almas; porque mi yugo es fácil, y ligera mi carga.

MATEO 11:28-30

Si puedo ver mi dificultad momentánea como una forma de aprendizaje, casi puedo lidiar con todo lo que me está costando: tiempo, energía, aflicción, dolores de cabeza. Pero esto también significa que debo seguir el modelo de mi maestro, y Tú eres el maestro de mi vida. Todo lo que debo saber y aprender viene de mi fuente de vida y gracia.

Llévame a tu aula cada mañana. Cuando me siente en la silla del fondo, despierta mi espíritu y llama mi atención, Señor. Soy un alumno que necesita ver lo que el maestro tiene hoy. Tú no me pones en problemas solo para entretenerte, sino que permites estas dificultades para que me acerque a ti y pida descanso, guía y una lección de fe.

PROMESAS

La confianza precisa de pruebas

Reconoced, pues, con todo vuestro corazón y con toda vuestra alma, que no ha faltado una palabra de todas las buenas palabras que Jehová vuestro Dios había dicho de vosotros.

JOSUÉ 23:14

Es fácil olvidar todo lo que me ayudaste a superar. No porque no sea agradecido, sino porque luego de una caída, me aferro rápidamente a la vida y el bien. No deseo mirar atrás o perder tiempo con los problemas que ya pasaron. Pero me estoy dando cuenta de lo importante que es recordar esos momentos, porque fortalecen mi camino.

Hoy comienzo una nueva clase de prueba. Nunca estuve aquí antes, no exactamente en este lugar. Pero todo lo que tengo que hacer es rememorar las promesas que has sembrado en mi espíritu, y confiar en ti una vez más. La buena noticia es que aun si los problemas no se hacen cada vez más fáciles, la confianza sí se facilita.

Descansando en lo incierto

Como tú no sabes cuál es el camino del viento, o cómo crecen los huesos en el vientre de la mujer encinta, así ignoras la obra de Dios, el cual hace todas las cosas.

ECLESIASTÉS 11:5

No tengo idea de cómo resultará el día de hoy. ¿Por qué siquiera molestarme en adivinar, asumir o suponer lo que sea? Soy tan ridículo con eso, queriendo simular que tengo todo bajo control porque los tiempos son difíciles. Pero no conozco el panorama completo. Solo sé que Tú eres en quien debo confiar. Guardo muchos ejemplos de tu bondad y fidelidad en mi vida. Me aferro a ellos.

Cuando la gente me pregunte qué haré o por qué sucede lo que sucede... ya no quiero inventar mis acciones futuras o formular razones. Quiero descansar en lo desconocido. Quiero poder reposar en la seguridad del plan de mi Creador y sus promesas. Venga lo que venga.

El poder de un plan

> Porque yo sé los pensamientos que tengo acerca de vosotros, dice Jehová, pensamientos de paz, y no de mal, para daros el fin que esperáis.
>
> JEREMÍAS 29:11

Lucho por aceptar que las cosas realmente van a ser así. Personalmente, no lo hubiera hecho de esta manera... pero Tú eres Dios, y yo soy un simple humano. Mi visión es limitada y endeble. Tiendo a aferrarme a personas o cosas que debería soltar. Y dudo de todo. No te estoy diciendo nada que no sepas...

También sabes que hoy me desperté y me sentí emocionado por el plan que tienes para mí. Finalmente me entregué a la idea de que el futuro sea de esperanza, y no de temor. Es algo nuevo para mí... pero creo que podría acostumbrarme.

Toma este día

Voluntariamente sacrificaré a ti; Alabaré tu nombre, oh Jehová, porque es bueno.

SALMOS 54:6

Oro para hacer de este día una ofrenda de amor para ti. Al levantarme y comenzar mi mañana, que pueda estar consciente de las bendiciones que hay a mi alrededor y así darte la gloria a ti. Que piense en las personas con las que voy a interactuar, para que mi corazón se mantenga en oración. Que te entregue mis decisiones y así me mantenga en tu voluntad y avance hacia tu propósito para mí. Que pueda observar las necesidades de los demás y así tus manos me usen como una herramienta en sus vidas.

Dios, este día te pertenece. Te lo doy por completo para conocerte mejor a ti y tus caminos.

CONCIENCIA

Aprendiendo a estar consciente

Así será a tu alma el conocimiento de la sabiduría; si la hallares tendrás recompensa, y al fin tu esperanza no será cortada.

PROVERBIOS 24:14

Últimamente, he atravesado mis días por en medio de una especie de neblina. Pienso en la semana pasada (incluso en el mes pasado) y noto que no estuve muy consciente de tu presencia y de las lecciones que querías enseñarme. No deseo ser alguien que esté mentalmente retirado de su vida. Aun cuando enfrente dificultades, cosecharé de la sabiduría que alimenta mi alma.

Hazme consciente de lo que quieres que aprenda hoy, Señor.

Al comenzar el día

Oye, pues, oh Israel, y cuida de ponerlos por obra, para que te vaya bien en la tierra que fluye leche y miel, y os multipliquéis, como te ha dicho Jehová el Dios de tus padres.

DEUTERONOMIO 6:3

Esta mañana apagué el despertador, me senté al borde de la cama y tan solo escuché tu voz. Antes del diluvio de planes, pensamientos, arrepentimientos o cambios en la agenda que llenarán todo el espacio en mi cabeza, usé mis oídos para recibir tus instrucciones.

Oro para que pueda estar consciente de lo que pides de mí y así poder obedecer fielmente. Deseo caminar en tus sendas para poder entrar en tus promesas.

Yo, yo y yo

Escuchad y oíd; no os envanezcáis, pues Jehová ha hablado.

JEREMÍAS 13:15

Nunca pensé que mi orgullo podría realmente impedirme entenderte. Pero estos días estoy siendo algo testarudo... Hablo más en nombre de mis opiniones, de mi ego y de mí mismo que lo que hablo de parte de mi fe. Dejo que mis preocupaciones me consuman antes de volverme a ti en oración.

Tanto de *mí* y tan poco de *ti* hace de esta vida algo difícil. Echo de menos tu dulce guía. Mi mente y mi corazón se encuentran demasiado dispersos como para acoger tus verdades. Y ni siquiera me deleito en tus bendiciones simples porque las considero insignificantes. Ayúdame a eliminar mis propios planes y mi orgullo para no tener nada que me impida mirarte a ti y a tu camino.

Darme cuenta

Vino luego a sus discípulos, y los halló durmiendo, y dijo a Pedro: ¿Así que no habéis podido velar conmigo una hora? Velad y orad, para que no entréis en tentación; el espíritu a la verdad está dispuesto, pero la carne es débil.

MATEO 26:40-41

¿Me hallarás durmiendo hoy, en vez de estar alerta? ¿Cuántas oportunidades de hacer el bien o de servir a otros me estoy perdiendo? Te pido que abras mis ojos ante la gente que me rodea y pueda ver si hay algo de ayuda que pueda yo brindarles. Agudiza mi mente y otórgame discernimiento.

Cuando me encuentro cansado se me hace muy fácil volver a mis viejos y malos hábitos. Concédeme la energía para ser sabio y prudente. Cuando la sabiduría que necesito esté más allá de mi capacidad, dame de tu sabiduría para mirar una situación dada.

CORAJE

Cárgame en tus hombros

Hazme oír por la mañana tu misericordia, porque en ti he confiado; hazme saber el camino por donde ande, porque a ti he elevado mi alma.

SALMOS 143:8

Me siento como un niño. Este día me trae mucha preocupación y estrés y dolor de cabeza. Pensé que podía hacerlo (llevar este día adelante), pero no puedo. Te necesito, Dios. No solo preciso que estés conmigo, sino que necesito que me cargues en tus hombros a lo largo de este día. Empecé con mucha fuerza, pero ahora que enfrento la realidad de salir adelante y avanzar, no puedo hacerlo solo.

Muéstrame el camino. Elevo mi día hacia ti en oración y te pido valentía para seguir el camino. Confío en ti. Y en aquellas áreas en las que aún me resisto a descansar en ti en vez de en mis propios medios, por favor recuérdame este sentimiento en la boca del estómago y la razón por la que te necesito. Tú eres mi única fuente de fortaleza.

Preciso un Salvador

En ti confiarán los que conocen tu nombre, por cuanto tú, oh Jehová, no desamparaste a los que te buscaron.

SALMOS 9:10

Vengo a tu presencia hoy avergonzado y con gran pesar en mi corazón. Estuve aquí en el pasado... infinidad de veces... y nunca me has desamparado. Pero me siento tan necesitado que a veces dudo de volver a ti. Sin embargo, conozco tu nombre, y eres mi Santo Redentor. Eres mi Salvador y mi Mesías. Es gracia lo que sale de tu boca, no un martillo de convicción cuando estoy quebrantado y en necesidad.

Señor, concédeme la paz que viene con tu fuerza y coraje. No dejes que te dé la espalda cuando necesito tu guía desesperadamente.

Volviendo a la barca

Pero en seguida habló con ellos, y les dijo: ¡Tened ánimo; yo soy, no temáis! Y subió a ellos en la barca, y se calmó el viento.

Marcos 6:50-51

¿Acaso te reconozco cuando entras a mi barca a calmar las tormentas y salvar mi alma? ¿Alguna vez te he pasado por alto mientras buscaba un salvador que pareciera más grande, más fuerte y más capaz de sacarme de las garras de las olas? Sé que lo hice... porque a menudo mi baja autoestima debilita mi fe. Sin embargo, Tú eres fiel cada vez y disipas mis preocupaciones.

Tú eres mi fuente de coraje. Ya no miraré por encima de tus hombros hacia las estrellas en busca de algo más. Confiaré, porque Tú eres quien vuelve a subir a la barca de mi vida y me dice que no tema.

Dejándolo todo atrás

Entonces respondiendo Pedro, le dijo: He aquí, nosotros lo hemos dejado todo, y te hemos seguido; ¿qué, pues, tendremos?

MATEO 19:27

Miro a mi alrededor y noto la ausencia de algunas cosas. Mientras que algunos lujos u oportunidades han sido excluidos de mi mundo por mi decisión, algunos han sido sacrificados para vivir una vida de servicio a ti y a aquellos que amo. Estoy muy agradecido porque pude conocerte y conocer tu gracia. En ese momento muchas trampas y circunstancias innecesarias desaparecieron. Ahora enfrento cada día esperando haber reducido mi vida a tan solo lo mínimo y esencial.

Dios, Tú no olvidas mis deseos. Por eso te pido que me des la valentía y el discernimiento para dejar atrás todo lo que no necesito en mi vida, por el bien de tu gloria.

SED

El hambre del vacío interior

Bienaventurados los que tienen hambre y sed de justicia, porque ellos serán saciados.

Mateo 5:6

A veces puedo eludir los vacíos en mi vida. Ni siquiera miro al suelo para ver si el abismo sigue allí, porque no quiero saberlo. Pero en días como hoy no puedo ni levantarme sin pedirte que llenes ese vacío. Sé que está allí y sé que no puedo evadirlo, omitirlo u olvidarlo... aun si me encuentro en un estado de negación. El hambre viene desde lo profundo de mi interior, y no se desvanece cuando inflo un poco mi ego o mi valor.

El hambre y la sed me conducen de nuevo a tu justicia, Señor. Solo Tú puedes llenar este espacio que duda, tropieza y se vacía aún más cuando lo ignoro. Llena este lugar dentro de mí y hazlo rebalsar hacia todo lo que hago y lo que soy.

Ver la respuesta

Y te afligió, y te hizo tener hambre, y te sustentó con maná, comida que no conocías tú, ni tus padres la habían conocido, para hacerte saber que no solo de pan vivirá el hombre, mas de todo lo que sale de la boca de Jehová vivirá el hombre.

DEUTERONOMIO 8:3

Cuando te pido riqueza, ¿qué es lo que me envías a cambio? Cuando pido pan, ¿qué alimento nos concedes a mí y mi familia? Cuando estoy en necesidad, ¿qué es lo que me das para compensar mi debilidad? Todo lo que hay en mi vida proviene de tu mano y del sustento que provees.

Cuando mi estómago cruje, puede que cuestione lo que veo cayendo del cielo para darme de comer. Pero Señor... recibo estas bendiciones con fe, creyendo que Tú conduces mi camino y no dejas que tus hijos pasen hambre.

Más allá de las razones

> Porque tuve hambre, y me disteis de comer; tuve sed,
> y me disteis de beber; fui forastero, y me recogisteis;
> estuve desnudo, y me cubristeis; enfermo, y me visi-
> tasteis; en la cárcel, y vinisteis a mí.
>
> MATEO 25:35-36

Las necesidades de mis hermanos y hermanas son tan grandes que no sé por dónde empezar. Hay un fuerte deseo, una sed que saciar, de alcanzar a otros y ayudarlos. Pero luego me siento y hago una lista de las condiciones o las razones por las cuales esto podría salir muy mal. Allí es cuando pienso en ti diciéndonos que alimentemos, vistamos y ayudemos al enfermo, y visitemos al prisionero. Y está claro que no me pides que lo cuestione... solo me pides que sirva.

Que pueda en verdad verte a ti en aquellos que hoy ayude. Y cuando no pueda, dame la fuerza para continuar dando. Porque aun cuando no puedo verte, Tú eres el que se para frente a mí pidiéndome que dé más.

Aprender a golpear a la puerta

Pedid, y se os dará; buscad, y hallaréis; llamad, y se os abrirá. Porque todo aquel que pide, recibe; y el que busca, halla; y al que llama, se le abrirá.

MATEO 7:7-8

Quizá participé en tantas recaudaciones de fondos cuando era niño que hoy no me siento incómodo estando frente a una puerta y golpeando. Pienso acerca del posible rechazo e ignoro el deseo que tengo de conocer al que está del otro lado. Considero otros modos en los que podría pedir ayuda: una llamada, una carta, un correo electrónico; y todos ellos parecen más acorde a mi personalidad.

Señor, haz que mis dedos tullidos comiencen a golpear. Las excusas se precipitan sobre mis buenas intenciones como olas. Aun así, comprendo que Tú me pides que me acerque a ti, humilde, sediento y buscándote. Allí es cuando Tú abres la puerta. Pero primero... debo aprender a golpear la puerta.

TRANSFORMACIÓN

Dispuesto y creciendo siempre

Mas a todos los que le recibieron, a los que creen en su nombre, les dio potestad de ser hechos hijos de Dios.

JUAN 1:12

Jesús, hoy quiero estar en tu presencia como hijo tuyo. Cuéntame historias acerca de tu amor y de quién soy en ti. Siento tu mano sobre mi cabeza mientras me consuelas. Y me animas con palabras de aliento cuando intento cosas nuevas. Cuando estoy abierto a ser transformado, me recuerdas que permita que el gozo y el renuevo me sorprendan y me cambien. Imagino la preocupación en tus ojos cuando ves que me aferro a una herida del pasado aun después de mostrarme cómo sanaste esa herida. Ya no quiero ocuparme de algo viejo y sin vida solo porque es extrañamente tranquilizador volver a un antiguo dolor.

Señor, dame oídos para oír y un espíritu para recibir tu historia acerca de mi futuro y de la transformación que estás obrando en mí. Este es un nuevo día y una oportunidad en desarrollo de creer en ti por completo.

Nueva vida

> Porque es necesario que esto corruptible se vista de
> incorrupción, y esto mortal se vista de inmortalidad.
>
> 1 CORINTIOS 15:53

Dios, inclino mi corazón hacia todo lo que es eterno. Haré un inventario de mi vida y procederé a limpiar mi casa espiritual. Quizá me motiva el sol que brilla sobre algunas partes empolvadas de mis días. O quizá me cansé de estar atorado, estático o descontento con mis viejas maneras de ser, que ya huelen a moho. Cual sea la razón, tengo un fuerte deseo de ofrecerte todo lo que está muerto o muriéndose en mi vida: hábitos pasados, palabras cansadas, promesas rotas, sueños rotos y los pecados de indiferencia y apatía. Sé que el cambio no será fácil, pero estoy listo para que tu aliento de vida nos lleve a mí y mi familia hacia la esperanza, las acciones, palabras, fe y amor eterno.

Oportunidades de alabarte

Puso luego en mi boca cántico nuevo, alabanza a nuestro Dios. Verán esto muchos, y temerán, y confiarán en Jehová.

SALMOS 40:3

Me levanto hoy con la esperanza del bien y el gozo por venir. Me deshago de la mentalidad de que mi vida es ordinaria, que no va hacia ningún lado, o que solo es un ensayo de cómo pasar el tiempo. Este no es el modo en que Tú quieres que vea el regalo de la vida que me has dado. Toma todo lo que soy, Señor, y transfórmame en esa creación que diseñaste para que yo sea. Que mi camino sagrado como hijo de Dios sea un ejemplo de fe absoluta.

Puede parecer que mis palabras tratan de asuntos cotidianos, pero sé que Tú me das un cántico nuevo. Este cántico tomará momentos y conversaciones comunes de mi vida y las convertirá en oportunidades de alabarte. No hay nada común y corriente acerca de eso.

Quedarme aquí

Cada uno, hermanos, en el estado en que fue llamado, así permanezca para con Dios.

1 Corintios 7:24

Debes estar bromeando. Eso es lo que pienso a veces cuando me meto en la situación que me pusiste por delante recientemente. No hay manera de que esto sea de Dios, de tu mano. ¿O sí? Señor, dame perspectiva sobre esto. Quizá solo quiero evadir esta clase de responsabilidad. Parece que nunca hay un descanso de ella. Quizá hay lecciones que quieres que hoy aprenda.

Me mantendré aquí porque Tú te quedas conmigo. No podría hacer esto solo. Por favor ayúdame a ver indicios del propósito de este tiempo y lugar en mi vida. Cuando no vea la razón, te pido que me des la inspiración. Transforma mi perspectiva para que pueda pararme aquí con confianza y mantenerme en tu presencia con esperanza.

DIRECCIÓN

Muéstrame tu voluntad

Mirad, pues, con diligencia cómo andéis, no como necios sino como sabios, aprovechando bien el tiempo, porque los días son malos. Por tanto, no seáis insensatos, sino entendidos de cuál sea la voluntad del Señor.

EFESIOS 5:15-17

Discernir tu voluntad es difícil. Comienzo el día pidiendo tu guía para poder tomar buenas decisiones y seguir el camino que Tú tienes para mí. Pero hacia el mediodía, a menudo pierdo cualquier sentido de incomodidad interna. Descansaré en mi conocimiento de tu Palabra, y eso me llevará por en medio de las situaciones, conversaciones y decisiones que enfrente. Pero hoy, solo quiero saber si me acerco a estar en tu correcta voluntad.

Condúceme y guía mis pensamientos para poder ver mi vida a través de tus ojos y tu corazón. Anhelo caminar contigo todos los días.

Guía mis pasos

El corazón del hombre piensa su camino; mas Jehová endereza sus pasos.

PROVERBIOS 16:9

Tengo grandes planes para este día. Seré productivo, creativo y eficiente... y lo haré con gracia al alcanzar todas estas metas. Bueno, es verdad... quizá mi verdadero plan sea tan solo sobrevivir. Pero la fe extiende mis objetivos hacia un propósito mayor. Veo cómo aun los actos más pequeños pueden transformarse en bendiciones. Me doy cuenta de que mis resultados accidentales pueden ser parte de tus planes intencionales.

Solo debo estar mirando en la dirección correcta... en tu dirección.

Libera la compasión

Considera al íntegro, y mira al justo; porque hay un final dichoso para el hombre de paz.

SALMOS 37:37

A veces, el sentido de dirección es algo que se gesta dentro de mí. No solo de tu guía, sino también de una fuerza impulsora que has puesto dentro de mí. Aún estoy en busca de mi pasión personal. Pero últimamente me he sentido conducido por el poder de la paz. Mi corazón se ha ablandado y me siento más compasivo.

¿A dónde me guiará esta nueva sensibilidad que he hallado? ¿Cómo quieres que impacte en mi vida y la vida de los que me rodean? Muéstrame cómo obtener una mayor paz en mis días, y llevaré esa sabiduría conmigo hacia mi futuro.

Purifica mi corazón

Porque ciertamente hay fin, y tu esperanza no será cortada. Oye, hijo mío, y sé sabio, y endereza tu corazón al camino.

PROVERBIOS 23:18-19

Señor, endereza mi camino. Me distraigo con facilidad, pero deseo mantenerme encauzado. Te pido que pongas personas en mi vida que me guíen cuando me salga de la senda correcta o me sienta atraído por el mapa equivocado. Impúlsame con ideas y cosas que lea. Llena mi mente con lo necesario para conducirme hacia la sabiduría.

En este día oro por pureza. Líbrame del caos y las complicaciones que contaminan mi visión. Deseo ser libre y estar dispuesto a abrazar la esperanza de mi futuro.

AUTENTICIDAD

Mostrar mi verdadero yo

Los labios mentirosos son abominación a Jehová; pero los que hacen verdad son su contentamiento. El hombre cuerdo encubre su saber; mas el corazón de los necios publica la necedad.

PROVERBIOS 12:22-23

Oh Dios, ayúdame a ser honrado hoy. No más chismes o pequeñas mentiras piadosas. Ya no evadiré las respuestas para tranquilizar a las personas o dominar discusiones. Deseo ser auténtico en lo que digo, lo que pienso y lo que hago con respecto a los demás. ¿Puedo admitir que no siempre me conozco del todo? A veces confundo quién pienso que debo ser con quién realmente soy.

Pero Señor, Tú me conoces mejor de lo que yo me conozco a mí mismo. Te pido que me reveles los caminos que son auténticos para mí. Guíame hacia tus verdades para que pueda descansar en ellas y convertirlas en mis cimientos.

Intenciones buenas y correctas

... nos recomendamos en todo como ministros de Dios, en mucha paciencia, en tribulaciones, en necesidades, en angustias; en azotes, en cárceles, en tumultos, en trabajos, en desvelos, en ayunos; en pureza, en ciencia, en longanimidad, en bondad, en el Espíritu Santo, en amor sincero, en palabra de verdad, en poder de Dios, con armas de justicia a diestra y a siniestra.

2 Corintios 6:4-7

Protege mi papel como creyente, Señor. Guarda mi reputación y mis actos. Dame un espíritu cauto para que pueda esperar antes de hablar. Conserva mis intenciones puras y justas. Dirígeme hacia el ministerio que se adapte a los dones que pusiste en mí para que te sirva con infalible devoción.

Anhelo ser sincero al servirte, y al servir a otros, en tu poder.

Que pueda ser fiel

Ahora bien, se requiere de los administradores, que cada uno sea hallado fiel.

1 Corintios 4:2

Cuando este día termine, espero que hayas encontrado en mí un verdadero siervo. Que mis acciones hayan sido agradables para ti y útiles para tus hijos. Oro para que encuentres un corazón justo y fiel en todo lo que he hecho. Mi día es una ofrenda para ti que no puede ser repetida. Solo hoy tendré este conjunto particular de circunstancias. Lo que haga con estas oportunidades es un reflejo de mi fe en ti.

Señor, deseo hacer lo que requieres de mí... e ir un poco más allá. Al final de este día, espero ser una bendición para mi Creador.

Motivado por amor

> Y ahora te ruego, señora, no como escribiéndote un nuevo mandamiento, sino el que hemos tenido desde el principio, que nos amemos unos a otros. Y este es el amor, que andemos según sus mandamientos. Este es el mandamiento: que andéis en amor, como vosotros habéis oído desde el principio.
>
> 2 JUAN 5-6

Desde el comienzo del día hasta que pase la noche bajo las estrellas, oro para que pueda seguir el mandamiento nacido de tu voluntad: que nos amemos unos a otros. Dame tu corazón para los demás, para que mis pensamientos sean de compasión y unidad, y no de juicio y separación.

Oro por este día y todos los que vengan... cada uno siendo una oportunidad para hablar de ti al mundo y mostrarte mi fidelidad. Es con gratitud que comienzo esta mañana. Es con humildad que me vuelvo a ti en este día. Guíame con tu amor para que pueda seguir el camino del amor eternamente.

Acerca de la autora

Hope Lyda es una autora cuyos devocionales, novelas y libros de oraciones, incluido el popular *Oraciones de un minuto para mujeres* y *Hope as a Prayer* [La vida como oración] han vendido más de un millón de ejemplares. Sus libros de inspiración reflejan su deseo de abrazar y profundizar la fe al caminar hacia los misterios y maravillas de Dios.

Hope ha trabajado en el mundo editorial por más de veinte años, escribiendo y trabajando con otros autores para ayudarlos a dar forma a los mensajes que hay en su corazón. Como una líder espiritual entrenada, le encanta ayudar a los demás a entrar en la presencia de Dios y realzar la singularidad de su vida auténtica, única y con propósito.

Ella y su esposo, Marc, han estado casados por más de 25 años y viven en Oregon, Estados Unidos.

www.hopelyda.com
Instagram: @hopelydawrites

Otros títulos de la autora:
Oraciones de un minuto para mujeres